DENTRO DE
Alaska Salvaje

Escuela St. Margaret Schoo
3320 Carol Drive NW
Calgary, AB   T2L 0K7
289-1931

BLACKBIRCH PRESS

An imprint of Thomson Gale, a part of The Thomson Corporation

THOMSON
™
GALE

Detroit • New York • San Francisco • San Diego • New Haven, Conn. • Waterville, Maine • London • Munich

For more information, contact
The Gale Group, Inc.
27500 Drake Rd.
Farmington Hills, MI 48331-3535
Or you can visit our Internet site at http://www.gale.com

LIBRARY OF CONGRESS CATALOGING-IN-PUBLICATION DATA

Into wild Alaska. Spanish.
  Dentro de Alaska salvaje / edited by Elaine Pascoe.
    p. cm. — (The Jeff Corwin experience)
  Includes bibliographical references and index.
  ISBN 1-4103-0669-0 (hardcover : alk. paper)
  1. Alaska—Description and travel—Juvenile literature. 2. Natural history—Alaska—Juvenile literature. 3. Wilderness areas—Alaska—Juvenile literature. 4. Corwin, Jeff—Travel—Alaska—Juvenile literature. I. Pascoe, Elaine. II. Title. III. Series.

F910.5.I5718 2004
979.8—dc22   2004029256

Desde que era niño, soñaba con viajar alrededor del mundo, visitar lugares exóticos y ver todo tipo de animales increíbles. Y ahora, ¡adivina! ¡Eso es exactamente lo que hago!

Sí, tengo muchísima suerte. Pero no tienes que tener tu propio programa de televisión en Animal Planet para salir y explorar el mundo natural que te rodea. Bueno, yo sí viajo a Madagascar y el Amazonas y a todo tipo de lugares impresionantes—pero no necesitas ir demasiado lejos para ver la maravillosa vida silvestre de cerca. De hecho, puedo encontrar miles de criaturas increíbles aquí mismo, en mi propio patio trasero—o en el de mi vecino (aunque se molesta un poco cuando me encuentra arrastrándome por los arbustos). El punto es que, no importa dónde vivas, hay cosas fantásticas para ver en la naturaleza. Todo lo que tienes que hacer es mirar.

Por ejemplo, me encantan las serpientes. Me he enfrentado cara a cara con las víboras más venenosas del mundo—algunas de las más grandes, más fuertes y más raras. Pero también encontré una extraordinaria variedad de serpientes con sólo viajar por Massachussets, mi estado natal. Viajé a reservas, parques estatales, parques nacionales—y en cada lugar disfruté de plantas y animales únicos e impresionantes. Entonces, si yo lo puedo hacer, tú también lo puedes hacer (¡excepto por lo de cazar serpientes venenosas!) Así que planea una caminata por la naturaleza con algunos amigos. Organiza proyectos con tu maestro de ciencias en la escuela. Pídeles a tus papás que incluyan un parque estatal o nacional en la lista de cosas que hacer en las siguientes vacaciones familiares. Construye una casa para pájaros. Lo que sea. Pero ten contacto con la naturaleza.

Cuando leas estas páginas y veas las fotos, quizás puedas ver lo entusiasmado que me pongo cuando me enfrento cara a cara con bellos animales. Eso quiero precisamente. Que sientas la emoción. Y quiero que recuerdes que—incluso si no tienes tu propio programa de televisión—puedes experimentar la increíble belleza de la naturaleza dondequiera que vayas, cualquier día de la semana. Sólo espero ayudar a poner más a tu alcance ese fascinante poder y belleza. ¡Que lo disfrutes!

Mis mejores deseos,

DENTRO DE
Alaska Salvaje

NORTEAMÉRICA

AMÉRICA
DEL
SUR

EUROPA

ASIA

ÁFRICA

AUSTRALIA

Océano
Atlántico

Océano
Pacífico

Océano
Pacífico

Océano
Indico

Es un sitio increiblemente salvaje, lleno de fauna—el único estado con más millas cuadradas que cantidad de gente. El tamaño de su terreno no explorado es impresionante. No me sorprende que Alaska tenga el apodo "La Ultima Frontera."

Me llamo Jeff Corwin.
Bienvenidos a Alaska.

Estamos yendo a Denali.

Denali

Anchorage

Kenai Fjords

Fiordos Kenai

Ven conmigo en un viaje al norte, a través de Alaska mientras buscamos su residente más grande, el enorme y elegante toro de alce de Alaska. La búsqueda nos llevará desde la Península de Kenai en la costa sureña, hacia el norte pasando Anchorage, alrededor del pico sobresaliente de Denali, y al corazón del parque nacional más grande de Alaska.

El paisaje escabroso de Alaska es imponente.

Estas aguas están llenos de vida.

Nuestro viaje empieza en las aguas frías y claras del Fiordo Kenai. Estas aguas están llenas de criaturas como las marsopas de Dall—las nadadoras más rápidas de todas las marsopas, delfines, y ballenas. Se han registrado velocidades de hasta 35 millas (56 kilómetros) por hora.

También hemos encontrado algunas nutrias de mar, una madre y un cachorro. Estos animales se acicalan mucho porque tienen que incorporar mucho aire en su piel denso. Ese aire crea una bonita capa invisible que atrapa el calor, y que le ayuda a sobrevivir. A diferencia de otros mamíferos marinos, como las ballenas, ellos no tienen una capa gruesa de grasa para mantenerse calurosos.

Nutrias del mar

¡Adiós chicos!

Podría oler estos animales antes de que pudiera verlos. Son los leones del mar Steller. La cantidad de estos animales está cayendo radicalmente, y nadie llega a entender porque. Una teoría tiene que ver con la comida que comen. Tradicionalmente, a estos leones de mar les gusta comer peces que contienen mucha grasa, con carne grasosa—peces como el salmón, por ejemplo. Pero muchos de esos peces son escasos ahora, entonces los leones de mar tienen que depender de peces que son menos grasosos, como abadejo. Están comiendo una versión marina de comida rápida. Cuando los leones de mar jóvenes dejan

Huele a leones de mar...

...Y allí están.

de lactar y van hacia el mar, no tienen suficiente grasa para sobrevivir. Entonces los adultos están reproduciendo en cantidades normales, pero la nueva generación no esta sobreviviendo.

Este es un harén de leones de mar.

Mira los pedazos de hielo.

El macho es el líder. Un macho adulto de los leones de mar Steller puede llegar a pesar 1.500 libras (680 kilogramos), y puede medir más de 9 pies (2,7 metros) de largo. Cuanto más grande es, más hembras tiene; y cuanto más grande el harén, más exitoso es. No se puede confundir su sonido. Es un gruñido bajo y retumbante, casi como un gemido.

He intercambiado mi Zodiaco por un kayak para que pueda moverme más fácilmente a través de estos pedazos grandes de hielo. ¿No te quita el aliento? Esta hoja enorme de hielo tiene un ancho aproximado de media milla (0,8 kilómetros), y en su punto más alto mide 600 pies (183 metros) de altura. Tiene una profundidad de cerca de 4 millas (6,4 kilómetros).

Se llama el Glaciar Aialik. *Aialik* significa "un lugar espantoso o temeroso," y pienso que el nombre proviene del sonido continuo de retumbos, gruñidos y roturas que produce este glaciar mientras descarga pedazos del hielo al mar. Tú puedes pensar en el hielo como algo que no se mueve, pero este glaciar está viajando cerca de 4 a 5 pies (1,2 a 1,5 metros) cada día.

Este glaciar está descargando hielo constantemente.

Mientras observamos el glaciar, pequeñas cabezas están emergiendo, mirándonos. Cerca de 100 focas del puerto están en el área alrededor de nosotros.

Mirándome.

El pulpo Pacifico es uno de las criaturas marinas que más me gustan.

Una de las criaturas más misteriosas en estas aguas, nunca se preocupa del hielo. Eso es porque pasa toda su vida debajo del agua. Es muy raro encontrar uno en su hábitat salvaje, pero hay uno que vive aquí en el Centro de Vida Marina de Alaska. Resulta estar entre las diez criaturas marinas que más prefiero—un pulpo Pacifico gigante.

Aunque el pulpo pertenece al mismo grupo al que las almejas y los caracoles pertenecen, el grupo de los moluscos, es extremadamente inteligente.

Hombre, es fuerte. Se puede ver toda su fortaleza expresada en los discos de succión que cubren la parte interior de su cuerpo y se extiende a cada uno de sus brazos. El es curioso—quiere saber quien soy, y quizás averiguar si soy su comida. Quizás quiere mostrar quien tiene el control aquí. Puedes escuchar todos los discos de succión reventando mientras sus brazos sueltan. Y me ha rociado con su sifón. El sifón es una válvula grande y pulsante en el costado de la cabeza grande del animal que parece una cúpula. El pulpo lo usa como propulsor, para lanzarse adelante como un avión.

A propósito, lo llaman un pulpo gigante porque puede llegar a un tamaño, desde el punto de un brazo al otro, de 20 pies (6,1 metros) o más.

Este chico es muy fuerte.

Estas tazas de succión son agarradoras poderosas.

13

Desayuno con los frailecillos.

Buenísimas aves

No hay nada como despertarse y tomar un poco de desayuno. A mí me gusta empezar con algunos eperlanos, y estas criaturas lo hacen también. Son frailecillos con mechones de pelo, aves muy lindas, y han hecho su casa aquí en el Centro de Vida Marina de Alaska.

¿Ves los mechones de pelo en la cabeza?

Los machos y hembras son casi idénticos. Durante el apareamiento y el verano, cuando están cuidando sus crías, sus caras son blancas y tienen plumas, o crestas muy bonitas, que salen por encima de sus ojos. Pero cuando termina el verano, sus caras oscurecen y pierden la cresta. Por meses las aves vivirán en el mar. Pero regresarán a la siguiente estación de fertilidad y volverán a crecer esos mechones.

Un ave tiene que ser diseñado de tal manera que su vuelo sea fácil. Ahora la mayoría de las aves tienen huesos ligeros, con huecos y porosos. El frailecillo es un poco diferente. Un frailecillo tiene huesos con huecos, pero no son tan porosos como los huesos de otras aves. Por tener huesos más densos, es capaz de estabilizarse mejor en el agua.

Los frailecillos son buenos nadadores.

Míralas comer—los frailecillos apenas se zambullen al agua y nadan hacia los pescados. Su visión debajo del agua es excelente. Agarran esos peces y se los comen ávidamente, la cabeza primero. Los frailecillos son maestros en natación. Usan la misma moción con sus alas debajo del agua que usan en el aire, rodando adelante para crear elevación. Creo que son más elegantes cuando están volando—no encima del agua, sino dentro del agua.

Si todo va bien, los frailecillos pueden llegar a los 30 años. Y son monógamas. Un macho y una hembra se quedan juntos para toda su vida, y ponen mucha energía al cuidar sus crías.

Dirigiéndonos hacia arriba, uno de los muchos ríos de Kenai nos ofrece la rara oportunidad de ver uno de los eventos más extraordinarios de la naturaleza. Es el viaje contra la corriente del salmón, un evento que ocurre cada año. Y nos muestra el último precio que una especie tiene que pagar para traer una nueva generación. En el caso de los salmones rosados, ese último precio es la muerte.

Salmón yendo contra la corriente del rió.

En el verano, el reloj biológico de los salmones les fuerza a nadar contra la corriente para aparear. Viven de la grasa guardada

Este es un macho.

en su cuerpo mientras emprenden su difícil viaje que puede durar de dos a tres meses. Es fácil distinguir el sexo de estos peces. El bozal del macho es casi como un lápiz; comparado a la hembra, él parece completamente como de otra especie de pez.

Cuando llegan a los ríos de donde provienen, los salmones extienden un tipo de cama en la arena. La hembra deposita sus huevos allí, y entonces el macho pone su esperma encima. Estos peces se cansan completamente al hacer

Muchos salmones no sobreviven el viaje. Incluso los que lo hacen, mueren poco tiempo después.

Arándanos salvajes de Alaska...que rico.

este viaje en el río a las áreas donde van a aparear. Muchos de estos salmones no son capaces de completar el viaje, y los que puedan probablemente morirían cerca de diez días después.

¿Donde más que Alaska podrías caminar a través de un rió prístino lleno de salmón, con agua tan pura que podrías beberla? Donde pisas hay un salmón retorciéndose. Y después de apagar la sed, puedes parar para tomar desayuno. En todos sitios hay arándanos, y me encantan los arándanos.

Creo que no estamos solos.

Vaya—hemos encontrado los restos de un salmón. Eso, amigos míos, significa que un carnívoro grande ha pasado por aquí, y presiento que ese carnívoro fue un oso. No tengo ningún deseo, en absoluto, de estar cara a cara con él, por lo tanto voy a regresar a mi Zodiaco.

Ay...allí esta él.

Y allí esta—un oso negro, quizás el mismo que había comido ese salmón. ¿Ves lo que está haciendo esta criatura? Está cavando en busca de plantas, bayas, larvas, todas las clases de cosas para comer. Frecuentemente, cuando pensamos en osos, pensamos que

Estas criaturas son impresionantes—
pero no quiero estar demasiado cerca.

son criaturas de caza.
En realidad, 75 por
ciento de la dieta de un
oso negro consiste en
materia de plantas.
Este oso probablemente
pesa 300 ó 400 libras
(136 ó 181 kilogramos).
Necesita consumir hasta
20 libras (9 kilogramos)
de comida solo hoy
para mantenerse bien.
Eso no incluye el tener
que engordar para el
invierno.

Quizás los osos negros son los más comunes por todo el mundo, y definitivamente son los más comúnes en América del Norte. También son muy grandes. Un oso negro macho adulto puede levantarse hasta 6 pies (1,8 metros) de altura y pesar fácilmente 600 libras (272 kilogramos). En realidad, existe información que estos osos llegan casi a las 800 libras (363 kilogramos). Otra cosa interesante de los osos negros es que ocasionalmente hibridaran, o engendran con otras especies, como los osos grizzlis.

Los osos negros son los osos norteamericanos más comunes.

El oso no merece completamente la reputación de ser agresivo. Este animal se defendería y puede llegar a velocidades de hasta 30 millas (48 kilómetros) por hora y—aunque las madres actúan rápidamente para defender a sus hijos—son, por lo general, animales tranquilos y preferirían mantenerse lejos de la gente.

El salmón es uno de los animales que a los osos les gusta cazar. Lo más interesante es que el oso quiere la parte más nutritiva, la más grasosa, y la más rica del salmón. Nosotros creemos que la carne del salmón es muy enriquecida, pero para el oso, la mejor parte es el cerebro. Muchas veces encontraras salmones rosados descabezados totalmente, las cabezas rasgadas y abiertas y los cerebros desaparecidos.

Todavía yendo al norte, tenemos que pasar por el *Big Game Alaska*. Este centro del rescate de la fauna, no muy lejos de Anchorage, es el lugar de un tipo de venado muy interesante.

Estos animales son venados de cola negra, también llamados venados Sitka. Y como se puede ver, no son muy grandes. En realidad, el macho adulto de aquí pesa probablemente entre 60 ó 80 libras (27 ó 36 kilogramos). Además de ser uno de los tipos de venados más pequeños de América del Norte, estos animales tienen esta manera interesante de atacar. Llegan en grupo, uno por adelante, uno por atrás, y—¡Ay! *Big Game Alaska* le da un significado nuevo al "contacto con la fauna."

Un venado Sitka hermoso.

¡Socorro! ¡Un ataque de venados!

La época de celo significa machos agresivos.

Hay otro nativo de Alaska por esta zona, y está reapareciendo después de ser cazado casi hasta la extinción en los últimos años de los 1800s. Esta facilidad contiene una manada de bueyes del almizcle. Esta es la estación de celo, cuando los machos llegan a ser extremadamente agresivos y volátiles. Las hembras son mucho más dóciles, pero todavía peligrosas para la gente, entonces tendré que tener cuidado.

La defensa primordial de estos animales,

Hola, chicos.

cuando se encuentran con predadores como los lobos, es mover a los terneros al centro de la manada. Los adultos están parados alrededor del exterior, trabado juntos, y van cara a cara con los predadores.

Mantendrán el grupo de lobos a raya con sus cuernos grandes, mientras que los más jóvenes estarán seguros en el centro.

Debajo de los pelos de afuera queda el pelo fino y denso.

Una de sus mejores defensas contra el frió está enterrado debajo de sus pelos externos gruesos. Es una capa de aislamiento de piel fina y densa llamada *qiviut*. Cuando este pelo denso cae, lo recogen, lo hacen girar en el hilador, y lo convierten en tela. *Qiviut* es tan densa, tan exquisita, tan caliente, que es ocho veces más densa que la lana de oveja y mucha más fina que la cachemira.

Estos cuernos son como dagas.

Voy a mantener mi distancia de este toro.

El buey del almizcle tiene cuernos muy dramáticos, y la mejor manera de ver a estos cuernos es ver a un toro. Mira este tipo—es enorme, tiene seis años y pesa cerca de 1.000 libras (454 kilogramos). Es un toro muy dominante y esta entrando a su época de celo. Este es el punto en el año cuando es más impredecible, más agresivo, y más irritable. No debes molestarlo.

Los cuernos son como roca sólida.

Los cuernos, en realidad, crecen como el pelo.

Los cuernos de este animal me sorprenden muchísimo. Mira la vaina, la parte de los cuernos que protege la cabeza. Es como un ariete, sólido como la roca. Estos cuernos parecen hechos de hueso, sólidos y resistentes. Pero el material está más relacionado al pelo—los cuernos crecen como el pelo y tienen la misma estructura química del pelo.

Si este toro estuviera en su hábitat natural, sus cuernos crecerían más largos. Realmente se encresparían y serían muy afilados en el extremo, haciéndole mucho más peligroso todavía. Imagina cuando estos toros están luchando—dos animales de 1.000 libras (454 kilogramos) chocando juntos, con un sonido parecido al trueno. Podría causar mucho daño al cuerpo de este animal. Pero tiene un cuello enorme y muscular que puede absorber todo el choque cuando choca contra el competidor.

Esto es Denali. *Denali* significa "el alto" en la lengua materna Athabascan, y es el nombre original del Monte McKinley—la montaña más alta en America del Norte, con 20.000 pies (6.096 metros). 79 personas han muerto al subir este gigante, principalmente debido al clima traicionero.

Denali es la montaña más alta de América del Norte.

28

Las temperaturas cerca del pico pueden caer a 95 grados bajo cero Fahrenheit (-71 grados Celsius), con vientos hasta 150 millas (241 kilómetros) por hora.

Denali también es el nombre del parque nacional que rodea la montaña. Es un parque enorme. Este afloramiento rocoso es buenísimo para encontrar un lagomorfo interesante, pariente del conejo, llamada pika. Solo hay que mirar a estas pequeñas grietas para encontrarlo.

Buscando a una pika...

Estas pequeñas pikas son comida para muchos predadores, desde las aves de rapiña, a los zorros, a las comadrejas, nombra cualquiera. Lo que es interesante de este chiquito es que toma todas las cosas que provisiona y lo llena en un escondite. Su escondite esta lleno de nueces, semillas, hierbas, y plantas secas, y él vivirá de eso durante el invierno. Él no hibernea nunca. Pesa

Las pikas están dentro de la familia del conejo.

menos que un refresco, y si es una coleccionista muy bueno potencialmente podría juntar un escondite de 12 a 50 libras (6 a 23 kilogramos) de comida. Eso es muy impresionante.

Éste es como un electrón pequeño. Sale disparado. Es difícil mantenerlo en tu vista.

Hemos llegado al territorio de una manada de lobos. Me han dicho que hay seis miembros en esta manada, y vagan por la región de Denali en la búsqueda de presas. Podían estar alrededor de nosotros. Es casi seguro que no los vamos a ver, pero sabemos que están aquí.

Estamos en el territorio del lobo.

Allí mismo. Huellas de lobo.

Esta es una sorpresa—
un zorro rojo.

Este es un animal
que no esperaba a ver—
un zorro rojo hermoso.
Se acaba de despertar. Él
tiene una guarida detrás
de estas rocas. Él es lo
que llamaríamos un
joven adulto, probable-
mente alrededor de
cuatro meses de edad y
llegando a ese punto en
que sale y explora. Éste

Mira al color de su piel. Un animal espléndido.

33

Está oliendo las cosas en la mochila...

Él sabe que estoy aquí.

no parece temernos mucho. Está oliendo mi mochila. Nunca en un millón de años pensé poder estar a 8 pies (2,4 metros) de un zorro salvaje. No hay nada mejor que esto.

¿Que tal el cambio de clima? Esta mañana me desperté y era el final del verano, y ahora el invierno ha venido con la llegada de la tarde. A lo mejor no lo ves, pero si lo puedes sentir hasta los huesos. Son cerca de 30 grados Fahrenheit (-1,1 grados Celsius). En Alaska, el verano dura tanto como un insecto que va a la luz del mata-insectos.

Invierno al instante.

Mira toda esa nieve.

Estamos subiendo esta cuesta escarpada del musgo cubierto de nieve, porque en la cima he visto un tipo de animal muy interesante. No se si podremos alcanzarlo, pero vamos a intentarlo.

Descubrí estas ovejas de Dall en la cima.

No quiero asustarlos.

Aproximadamente a 40 pies (12,2 metros) más adelante hay una manada de las ovejas de Dall. Veo dos carneros y cuatro o cinco ovejas; ellas tienen cuernos más pequeños. Mira eso. Puedes ver un cordero joven pasando el tiempo con uno de los carneros. Hay una hembra que está actuando como centinela, mirándonos.

Hemos subido hasta aquí y estamos tan cerca; sin embargo tengo una sensación que si nos acercamos más, ellos se van a ir. Y estos animales son maestros trepadores. Tienen la pezuña hendida, que entran

Estos chicos son expertos trepadores.

entre las rocas, y pueden ir en zig-zag hasta los picos. Y en el invierno pueden subir miles y miles de pies en altitud y sobrevivir donde cualquier pobre hombre como yo, fallecería inmediatamente.

¡Guau! ¡Mira lo que encontre!

No lo puedo creer—un grizzli.

Quisiera seguirles un poco más, pero estoy congelado. Es hora de tomar un ponche caliente.

¡Guau! Ves esto? Es un oso grizzli. Tengo que encontrar una manera de acercarme, pero a una distancia segura.

A los grizzlis les gusta vivir solos.

Los grizzlis son, por lo general, animales solitarios, y un oso sano muchas veces vive hasta 25 ó 30 años en su hábitat natural. Míralo. Esta disfrutando de la nieve temprana. Qué suerte ver a este tipo. Viene el invierno y pronto estará dormido hasta la primavera.

Nuestro viaje hacia el norte continua, y el alce no puede estar lejos. He encontrado algo de excremento fresco de alce, aún caliente y aromático y emitiendo vapor. Me encanta estos regalitos de la naturaleza.

Veo algo en la distancia...

Y mira esto—alli esta el postal representativo de Alaska, un pantano verde hermoso con una laguna. Y un alce hembra muy grande esta banqueteando, probablemente cerca de ocho o nueve años en edad. Ella tiene dos becerros, probablemente cerca de cuatro o cinco meses en edad.

Estamos viendo a una hembra que tiene mucho éxito. La expresión de su éxito es que tiene dos crías y los dos han sobrevivido hasta ahora. Eso es muy raro.

Tiene una excelente posibilidad de que dentro de seis meses todavía van a estar vivos, y podrán enfrentar los desafíos de este ambiente por si solos.

Durante la época de nacimientos, las hembras dan a luz a la vez, inundando el medio ambiente con cientos y cientos de bece-rros de alce. Si naciera uno por uno sobre un período extendido de tiempo, todos esos becerros serian arrebatados por los depredadores. De esta manera, los depredadores se abruman y solo toman una fracción de la población de becerros.

Muy bien, hemos encontrado nuestra hembra. Ahora, vamos a ver si hay algunos machos por aquí también.

Por allá tu puedes ver, por encima de la maleza, una cornamenta—una cornamenta magnífica—y está conectada al animal que hemos encontrado. Aquí en Alaska, el alce da un nuevo significado a la palabra gigante. Piensa en un alce, y de repente piensas en algo torpe o tonto—como *Bullwinkle.* Ese alce no es nada como este alce.

Mira a esa cornamenta...

Pensarías que al tener esa masa tan grande de cuerpo lo haría más lento, pero no es el caso del alce. Son extremadamente rápidos cuando hace falta. Y este de aquí, si se siente amenazado, podría cornearme fácilmente a una velocidad de 30 millas (48 kilómetros) por hora. Mucho más rápido de lo que yo puedo correr. Esta es la temporada cuando los machos están en su estado más agresivo, entonces deberíamos acercarnos con mucho cuidado.

Tenemos cosas muy excitantes que están pasando aquí. Mira esto! Tenemos una hembra de alce, y esta vaca ha traído dos pretendientes, dos alces machos.

El macho más pequeño no quiere meterse con el macho más grande. Pero el grande está molesto que el pequeño está en su territorio, entonces está tras él, empujándole para salir. El macho más grande vino para decirle "Estás en el territorio de mi vaca". Y el toro más pequeño murmuró un gimoteo sumiso que dijo, "Okey, no te preocupes".

Mira esa escena. De esto es de lo que se trata Alaska.

Los machos pelearan durante la estación de celo.

Cuando los machos están emparejados más uniformemente, lucharan por su territorio y para el acceso a las hembras. Raramente visto por la gente, es a menudo una lucha de proporciones titánicas. Los machos pelearan hasta que uno se rinda y el otro reclame la victoria y la posesión de la hembra.

Esto ha sido fantástico. Alaska, gracias por darnos este encuentro tan emocionante. Una foto más y me voy. Te veré en nuestra próxima aventura.

Un foto para despedirse...

Okey, yo también soy turista...

Glosario

aparear unir células reproductoras para el origen de un nuevo ser

arduo difícil

cachemira lana fina de un tipo particular de cabra

carnívoro un animal que come carne

depredadores animales que matan y se alimentan de otros animales

dócil tranquilo y fácil de manipular

eperlano un tipo de pez pequeño pariente del salmón

época de celo la estación de apareo de un animal

excremento la caca de animal

extinción cuando ya no queda ningún miembro del especie

grasa de ballena una capa gruesa de grasa en mamíferos marinos

lagomorfo un tipo de mamífero roedores que incluye conejos y pikas

molusco un tipo de animal que incluye caracoles, almejas y pulpo

monógamo animales que tienen un solo compañero de por vida

pezuña hendida los pies de un animal que están divididos en dos partes, como de la cabra, oveja, etc.

prístino limpio y no malogrado

provisionar Conjunto de cosas, especialmente alimentos, que se guardan o reservan

qiviut la capa de piel fina, densa de un buey del almizcle

quintessencial el ejemplo más típico de algo

sifón una válvula en la cabeza del pulpo

vaina la parte de los cuernos de un animal que proteja la cabeza

volátil objeto de cambio repentino, explosivo

Índice